RÉPONSE

D'UN GARDE NATIONAL

DE LA SIXIÈME LÉGION,

CONDAMNÉ A MORT LE 13 VENDÉMIAIRE,

A Messieurs MÉHÉE DE LA TOUCHE et CARNOT, et à M. le Comte FELIX LEPELLETIER DE SAINT-FARGEAU, ex-Maire, et Président du canton de Bacqueville, Seine-Inférieure.

PARIS,

DELAUNAY, LIBRAIRE, AU PALAIS-ROYAL;

LACOURIÈRE, LIBRAIRE,
BOULEVARD DU TEMPLE, n°. 52.

Et se trouve à Rouen, chez M. FRÈRE aîné, Libraire.

1814.

RÉPONSE

D'UN GARDE NATIONAL

DE LA SIXIÈME LÉGION.

Livré entièrement à mes occupations journalières, je n'ai jamais pris la plume que pour discuter mes intérêts particuliers; je réclame donc l'indulgence du lecteur sur la négligence qu'il pourra remarquer dans mon style; je le prie de n'examiner que le sentiment qui m'anime, celui de l'indignation la plus fortement prononcée contre de vils pamphletaires qui voudroient égarer l'opinion publique; contre des hommes qui, autrefois affublés du bonnet rouge, n'ont d'autre but aujourd'hui que de nous ramener encore à ces temps désastreux où la vertu étoit un crime, et le vice une vertu : leurs efforts seront inutiles; et jamais ils ne pourront parvenir à un si coupable dessein.

Messieurs Méhée de la Touche et Carnot

avoient écrit; il ne manquoit plus que de voir paroître sur la scène... qui ? M. le comte Felix Lepelletier de Saint-Fargeau.

Quoi! ces hommes voudroient voir la volonté du peuple français dans l'assassinat du meilleur des rois que la France ne cesse de pleurer, et c'est à Paris que l'on ose mettre en avant une pareille assertion!

O vous! mes camarades qui existiez à cette époque, vous devez vous rappeler cette journée d'affreuse mémoire! vous devez également vous ressouvenir que la consternation étoit empreinte sur tous les visages, que la désolation étoit à son comble, que l'on n'osoit se regarder. Se rencontroit-on, on se serroit la main, on levoit les yeux au ciel comme pour invoquer son secours et sa protection sur l'auguste victime qu'on alloit injustement immoler.

Les régicides voudroient vous rendre leurs complices; ils osent même dire qu'ils n'ont suivi que votre volonté! Etoit-ce donc votre volonté, ô vous, tendres et respectables mères de famille, qui, pendant les tristes momens d'un deuil général, étiez en prières avec vos enfans dans l'intérieur de vos maisons; vous qui éleviez vos mains suppliantes au ciel, pour le conjurer d'arrêter la consommation du plus grand des forfaits?

Puisque, selon votre opinion, l'assassinat du

meilleur des rois étoit le résultat du vœu et de la volonté du peuple, pourquoi avez-vous donc rejeté l'appel ? Pourquoi avez-vous refusé d'accorder le sursis ? Il est très-facile de deviner vos arrière-pensées ; vous l'avez refusé parce que vous saviez bien qu'alors le crime ne se seroit point consommé, parce que vous n'ignoriez pas aussi qu'en laissant le moment de la réflexion, votre victime vous auroit échappé.

L'infâme sicaire, qui marchait sous vos ordres, étoit si bien convaincu de cette vérité, que, lorsque ce malheureux prince voulut, pour la dernière fois, faire entendre sa voix, ce misérable satellite de la faction régicide ordonna, par un roulement de caisse, l'affreux signal qui couvrit la France de deuil et de larmes. Que redoutoit-il en le laissant parler, si ce n'est que le peuple fît connoître sa volonté ?

M. Méhée de la Touche demande « depuis « quand les hommes établis juges par une grande « nation sont responsables de l'arrêt que leur « conscience, bien ou mal éclairée, leur a « dicté. » Etablis juges ? Et par qui l'étoient-ils ? Jamais leurs mandats n'ont été pour juger le Roi ; leurs commettans leur avoient donné seulement le pouvoir de prononcer la déchéance ; ainsi, en condamnant le Roi, c'est un crime volontaire qu'ils ont commis.

M. Méhée de la Touche veut bien avouer *que la mort du Roi étoit injuste et impolitique ;* il base son raisonnement sur l'inviolabilité que la Constitution lui accordoit, et il ajoute que tout ce qui est injuste est impolitique.

Nous sommes d'accord avec M. Méhée sur ce point ; mais que ne dit-il aussi avec vérité que cet infortuné prince, adoré de tous ses sujets, ne fut précipité du trône et assassiné que par une troupe de vils factieux qui vouloient parvenir au suprême pouvoir, et qui conséquemment regardoient la mesure sage et salutaire de maintenir le monarque dans ses droits comme un obstacle invincible à leurs desseins coupables et ambitieux ?

M. Méhee, dans un autre passage de sa Dénonciation au Roi, paroît vouloir s'opposer à ce que la France prenne à sa solde des troupes suisses ; il leur reproche une trop grande fidélité : voilà un singulier raisonnement, mais qui ne sauroit m'étonner dans sa bouche ; il va même plus loin. Il ose avancer qu'ils fureut les agresseurs dans la trop fameuse journée du 10 août : le fait n'est pas vrai ; j'étois présent, et j'ose assurer que les premiers coups de feu partirent du Carrousel.

Ces messieurs cherchent encore à insinuer que l'émigration, et que ceux qui furent, à des époques désastreuses, forcés de fuir de leur patrie, furent la première cause de la mort du Roi. O vous! Carnot, qui alors influenciez ou dirigiez la partie de la guerre, ne deviez-vous pas vous convaincre qu'il étoit de votre intérêt et de celui de la République de conserver les jours de ce malheureux monarque? et que, par sa mort, la régence étant accordée à Monsieur, par l'assentiment de la plus grande majorité des Français, ce vœu tacite donnoit une grande force aux Français exilés? ainsi même, sous ce rapport, votre crime étoit impolitique.

Beaucoup de réponses, très-fortes de principes, et surtout appuyées de faits incontestables, ayant déjà paru pour refuter les pamphlets de messieurs Carnot et Méhée, je vais m'attacher à répondre à celui de M. le comte Félix Le Pelletier de Saint-Fargeau.

Dans la diatribe virulente adressée au Roi par M. Le Pelletier, on s'aperçoit que l'auteur exhale toute sa bile contre la minorité des ministres et contre le conseil de Sa Majesté; il rejette avec horreur le serment demandé aux fonctionnaires publics, et particulièrement aux maires; voyons donc quel est ce serment si avilissant selon lui.

Je jure et promets à Dieu de garder obéissance et fidélité au Roi, de n'avoir aucune intelligence, de n'assister à aucun conseil, de n'entretenir au-

cune ligue qui seroit contraire à son autorité; et si, dans le ressort de mes fonctions ou ailleurs, j'apprends qu'il se trame quelque chose à son préjudice, je le ferai connoître au Roi.

M. le comte s'écrie avec indignation *que le serment que l'on exige des fonctionnaires publics est une nouvelle conception, qu'il est un véritable attentat contre une nation dont le gouvernement se compose de trois pouvoirs : un seul l'a créé, un seul y paroît, et on n'y stipule que son intérêt.*

J'avoue franchement qu'il me paroît plus qu'extraordinaire que M. le comte voie dans ce serment tous les caractères d'un véritable attentat contre la nation.

A qui donc est confié, lui demanderai-je, le soin de faire exécuter les lois? Au nom de qui se rendent-elles? si ce n'est au nom du Roi. Qui est responsable, à l'égard de ses sujets, de la tranquillité? si ce n'est le roi.

Tous les pouvoirs reposent sur le monarque seul, il est chargé de faire respecter et exécuter les lois; or donc, en lui gardant obéissance et fidélité, on la garde à l'état et à la charte constitutionnelle qu'il a donnée et promis de faire exécuter.

M. le comte nous avoue ingénuement qu'il a refusé de prêter le serment en sa qualité de maire, parce qu'il tend à l'avilissement des plus belles fonctions. Il trace ainsi les devoirs d'un maire.

1°. Il dit que si des propos échappent à des fous ou à des malveillans, le maire doit les admonester ou les éclairer.

Je réponds à ce raisonnement que, pour les propos échappés à un fou, la réprimande et de sages représentations peuvent être le seul devoir d'un maire.

Mais si ces propos sont la suite des projets criminellement médités par la malveillance, il me semble qu'alors le maire ne doit pas se contenter seulement de reprimander celui qui les a tenus, il doit encore, comme premier officier public, le surveiller avec la plus scrupuleuse sollicitude.

2°. M. le comte ajoute que si des trames ont lieu, le maire doit les paralyser par sa fermeté.

Mais, M. le comte, quels moyens un maire pourra-t-il employer pour paralyser les trames que des malintentionnés auroient ourdies, s'il n'en avertit le Roi, ou ceux qui sont chargés en son nom de veiller à la sûreté du trône et de l'Etat? Une trame ne peut exister sans des ramifications qui peuvent s'étendre dans une grande partie du royaume; alors, dans cette hypothèse, il est absolument nécessaire que le maire le plus opposé par ses principes à recourir au seul moyen qui est la délation en pareil cas, il est obligé, dis-je, alors, non-seulement comme maire, mais comme serviteur dévoué à son roi, de l'en instruire directement, ou d'en avertir ses ministres; à défaut de remplir un devoir aussi indispensable, il seroit beaucoup plus répréhensible, je dis même beaucoup plus coupable, que tout citoyen qui connoîtroit quelque trame ourdie, ou contre le bien de l'Etat ou contre la personne sacrée du Roi, et qui n'auroit pas le courage de la dénoncer.

3°. M. le comte, en sa qualité de maire, veut aussi qu'en cas de troubles il puisse à lui seul, revêtu de son écharpe, faire respecter la loi, ou mourir à son poste.

Ce dévouement est sans doute noble, généreux et digne d'un ancien capitaine de cavalerie: mais comme sa mort ne sauveroit pas la chose publique, je pense que, comme maire, il doit plutôt employer tous les moyens qui sont en son pouvoir pour empêcher ces troubles, et recourir, pour les prévenir, à une force armée qui en impose aux séditieux. Or, je le demande, comment se la procurer s'il n'en avertit le Roi?

Depuis long-temps je me fais honneur de n'avoir pas en politique la même façon de penser que monsieur le Comte; aussi nous différons d'opinions sur ce serment, et je prétends qu'au lieu d'avilir l'homme, il est digne de lui, puisqu'il ne jure qu'à Dieu, l'arbitre suprême et des rois et des sujets.

Ce qui pique surtout la curiosité du lecteur dans le pamphlet de monsieur le Comte, c'est son rêve politique régénérateur du despotisme; il voit dans le serment proposé l'avilissement des maires, il les considère comme les pères de leurs administrés. Selon lui, ces fonctionnaires, une fois avilis, n'auront plus ni pouvoir ni confiance; il faudra les remplacer. Par qui le seront-ils? A son avis, ils le seront par les anciens seigneurs; de là, l'anéantissement de la liberté, le rétablissement du régime féodal; et enfin l'ancien régime. Etendant son rêve plus loin, il voit la restitution volontaire des biens nationaux; enfin il voit la France gémissant encore sous le joug de l'ancien prétendu despotisme.

S'il m'étoit permis, monsieur le Comte, de faire un rêve en sens inverse, je l'appuierois sur des faits, et je crois que le mien présenteroit plus de probabilité que le vôtre. Eh bien! en adoptant votre système, nous nous verrions replongés, selon vos désirs et ceux de vos dignes acolytes, dans la tourmente volcanique et désastreuse du régime affreux de la terreur, sous ce régime si doux pour un certain parti, où vous, monsieur le Comte, où les vôtres, coiffés d'un bonnet rouge, prêchiez avec complaisance les principes de justice et d'humanité, puisés dans l'école des Hébert, Marat et autres.

Je vous répéterois que, connoissant parfaitement tout ce dont vous et vos pareils étiez capables, je ne vous ai point perdu de vue depuis le retour de notre bon Roi; je vous avouerois qu'assistant à une séance publique de la Chambre des Députés, où on discutoit sur la liberté de la presse, j'aperçus à la porte, et je vis entrer dans les tribunes les Y..., les M...., les A.... et autres compagnons de la même trempe. L'apparition de pareils hommes à cette séance me sembla extraordinaire.

Un député, dont je suis loin d'accuser les principes et la bonne foi, se laissa, par un excès de zèle, emporter dans son discours à des élans de véhémence, et prononça de ces grandes phrases, qui rappelèrent un peu trop vivement les temps à jamais déplorables de 92, 93 et 94. Des applaudissemens se firent entendre dans les tribunes, mais comme ils furent étouffés sur-le-champ, je ne puis assurer s'ils échappèrent à vos anciens et dignes collègues; ce que je peux affirmer, c'est que je les vis frotter leurs mains en signe de joie, et avoir l'air de se congratuler entr'eux.

Oh! combien ce député estimable, qui montra tant de courage pour résister à l'anarchie dont il pensa être la victime au dix-huit fructidor; qui a fait connoître avec sa mâle éloquence toute l'horreur qu'elle lui inspiroit; oh! combien il seroit peiné, s'il pouvoit supposer que ces phrases ont pu éveiller vos idées anarchiques, et faire naître en vos cœurs des espérances coupables!

Depuis cette époque, on a vu paroître successivement la dénonciation au Roi, rédigée par monsieur Méhée de la Touche; le mémoire de monsieur Carnot; enfin, monsieur le Comte, votre écrit au Roi. Soyez de bonne foi, vous avouerez avec moi que ces trois écrits ont été publiés dans l'intention de ranimer les désirs *de ces vieux élémens d'indépendance républicaine, dont toutes les espérances ne sont pas entièrement déçues,* de nous ramener insensiblement *à ces temps qui ne sont pas sans un grand éclat, et qui n'arrivent pas sans une grande commotion*; enfin, de nous remettre sous ce bon régime de la terreur.

Mais, monsieur le Comte, ni votre rêve, ni le mien ne s'effectueront. Oui, oui, j'en jure par la prévoyance et la fermeté de notre bon et vertueux monarque, par les principes sages et lumineux des Conseils qu'il s'est choisis, je veux dire de ses Ministres, que vous avez beau injustement calomnier, et qui ne sont pas moins honorés de sa confiance et de celle de tous les bons Français; j'en jure enfin par l'accord unanime qui règne entre les deux chambres, pour seconder les vues bienfaisantes et paternelles de notre bon Monarque.

Dites-nous avec vérité, monsieur le Comte, que si vos vues, celles de messieurs Méhée de la Touche et Carnot eussent été pures, vous auriez adressé au Roi, à lui seul, et sous le sceau du cachet, vos dénonciations, mémoires, ou représentations, sans leur donner une publicité tout au moins dangereuse, si elle n'est criminelle, par toutes les inquiétudes et les espérances parricides, qu'elles peuvent faire naître.

Vous vous plaignez qu'on ait destitué de leurs fonctions *les meilleurs citoyens, à cause de leurs votes ou de leurs opinions politiques.*

Dans un autre passage de votre écrit, vous dites au Roi : *Sire, les mêmes vingt-quatre heures ont été pour Votre Majesté, et pour celui qui se présente devant le trône, la source de regrets éternels et des plus hautes douleurs.*

Je n'ignore pas que, dans les mêmes vingt-quatre heures, le meilleur et le plus infortuné des Rois, le père et l'ami de son peuple fut assassiné; qu'un assassin, croyant pouvoir s'armer d'un fer vengeur, en frappa d'un coup mortel votre frère.

Hé bien, M. le comte, permettez que je vous fasse ici cette question. Si le même *Paris*, le meurtrier de votre frère, vivoit encore, s'il se présentoit à vous pour être votre intendant ou votre conseil, supposez encore, si vous voulez, qu'il fût homme d'affaires d'un bien qui vous tomberoit en partage, que feriez-vous ? Le prendriez-vous à votre service, ou l'y conserveriez-vous? Non, non, sans doute, ou vous n'aimeriez pas votre frère. Vous lui diriez : éloignez-vous de mes yeux, que je ne vous revoie jamais; je veux bien oublier votre crime, je ne me vengerai pas, mais il m'est impossible de supporter votre vue. Ce que vous feriez, du moins je le crois, le roi l'a fait, et vous osez lui dire : *de grandes victimes tombent, mais les vengeances particulières déshonorent.* Oh ! M. le comte, avouez-le avec moi, c'est par trop abuser de la bonté paternelle du Souverain qui nous gouverne avec tant de clémence et modération.

Pour donner une couleur favorable au refus que vous avez fait de prêter serment, vous terminez votre écrit par une comparaison à l'effet d'établir un parallèle entre vous et M. de Montmorin, commandant par les ordres de Charles IX, en Auvergne, et qui refusa d'obéir à l'injonction qui lui fut faite de faire mourir les Protestans dans les provinces dépendantes de son gouvernement.

Comment! vous osez assimiler votre refus à celui de M. de Montmorin, refus qui le couvroit d'une gloire immortelle ! Je vous abandonne à vos réflexions sur cette fausse comparaison.

Mais, monsieur le Comte, croyez-moi, abjurez vos erreurs, ne vous servez plus de votre plume pour en faire un aussi mauvais usage; je crois que c'est le meilleur conseil que je puisse vous donner.

*** , *Garde national, sixième légion.*

Nota. J'apprends que votre écrit séditieux a circulé avec profusion dans le département de la Seine-Inférieure; mais je connois la fidélité et la loyauté des braves Normands: ils ne se laisseront pas induire en erreur par vos faux principes.

PARIS, ADRIEN ÉGRON, IMPRIMEUR
DE S. A. R. MONSEIGNEUR LE DUC D'ANGOULÊME,
Rue des Noyers, n° 37.

www.ingramcontent.com/pod-product-compliance
Lightning Source LLC
Chambersburg PA
CBHW061615040426
42450CB00010B/2504